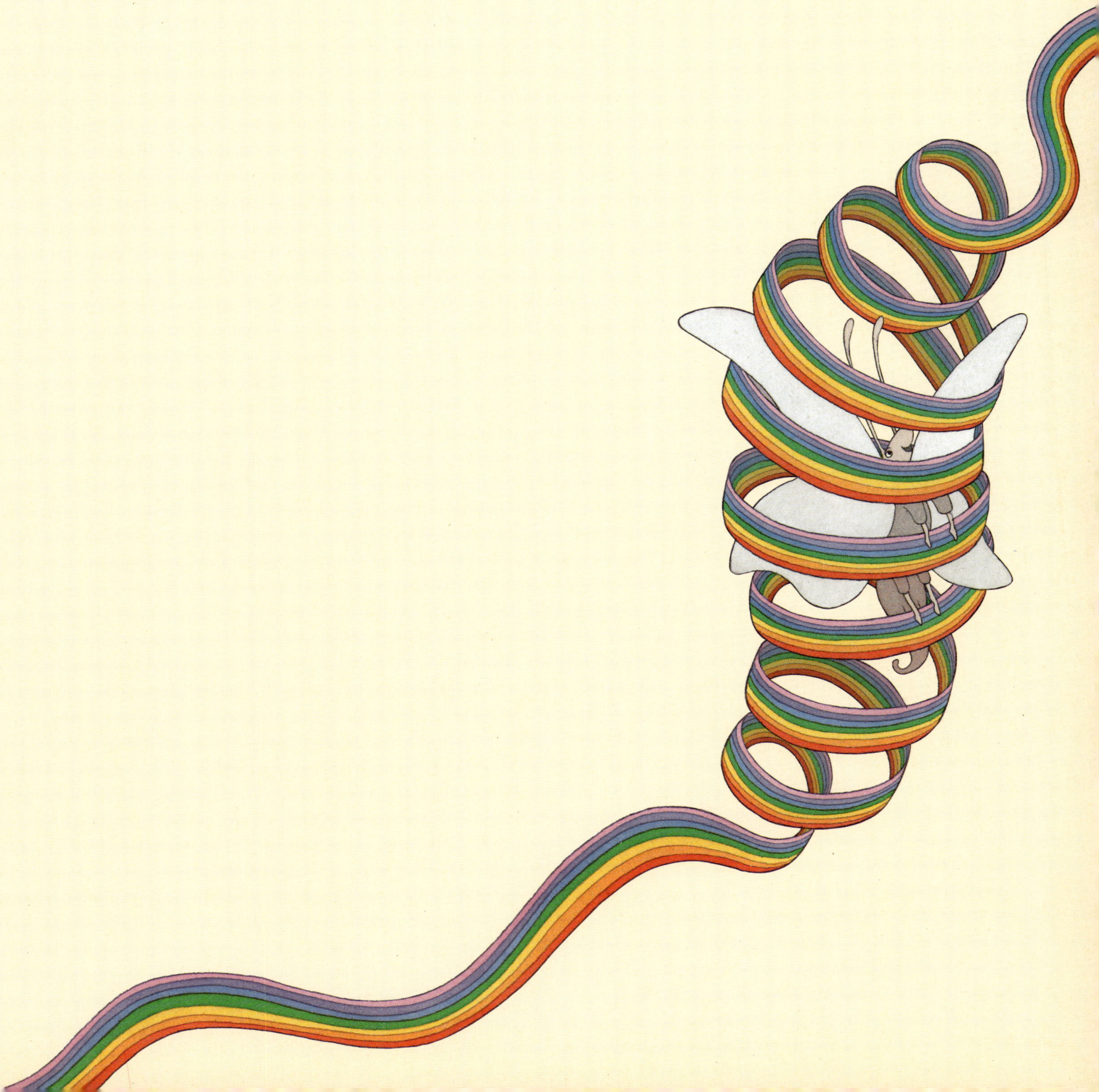

Une première version de ce texte est parue en 1993
aux éditions La Farandole sous le titre *Le papillon de toutes les couleurs.*

Imprimé et relié en France par Pollina s.a, Luçon - 09-1998 - n°75047
ISBN : 2-08160847-2 - Flammarion & Cie, éditeur (N° 0847)
Dépôt légal : octobre 1998
Loi n° 49-956 du 16 juillet 1949 sur les publications destinées à la jeunesse

Didier
Daeninckx

La papillonne de toutes les couleurs

Michel
Boucher

Père Castor
Flammarion

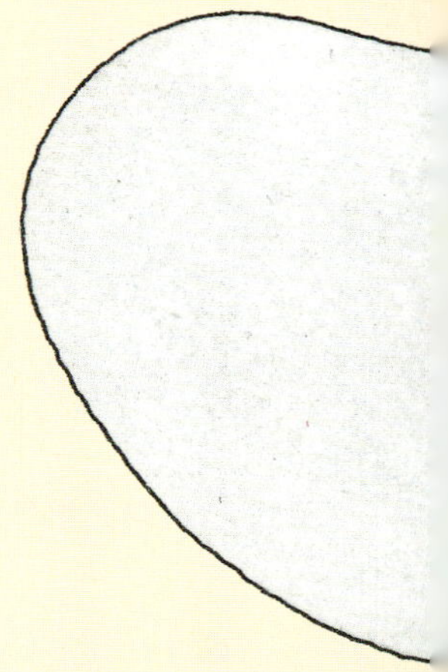

Elle est venue au monde
un matin de printemps.
La chenille qui lui a donné naissance
a murmuré un nom, avant de disparaître.
– Esmeralda.

C'est tout ce qu'elle connaît du monde.
Un nom.
Esmeralda.
Esmeralda la papillonne.

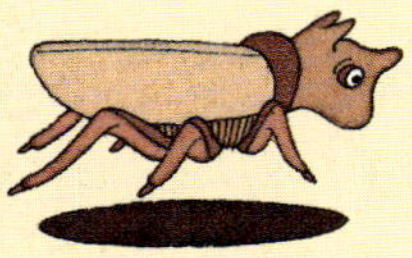

Très vite, il lui a fallu apprendre
la chaleur du soleil,
le souffle du vent,
l'odeur de l'herbe et des fleurs,
le goût de la rosée,
le chant des oiseaux et tous les bruits
que font les hommes et leurs machines.
Elle est restée blottie sur la mousse
tout un matin avant d'oser
remuer ses ailes blanches
qu'elle maintenait dressées
au-dessus de son corps,
collées les unes aux autres.
Un battement, puis deux, puis trois...
Elle s'est sentie comme aspirée par le ciel,
et bientôt elle a survolé la forêt,
le souffle court, en proie au vertige.
Après le dernier arbre,
un chêne immobile
comme une sentinelle,
elle a pris confiance.
Elle a étendu ses ailes
que la lumière rendait transparentes
pour planer, sans effort,
au-dessus d'un grand champ de blé
parsemé de coquelicots.

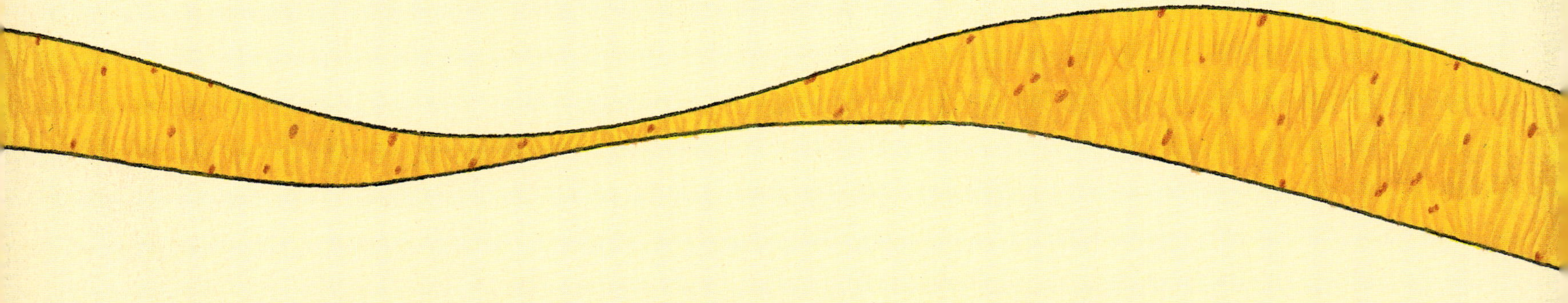

Une grande tâche mauve
attira soudain son regard.
Le parfum enivrant de la lavande
lui fit tourner la tête,
l'obligeant à se poser
sur la tige d'une marguerite.
Le monde dansait autour d'elle.
Elle baissa les paupières
pour retrouver son calme,
et quand elle les releva,
une seconde plus tard,
des dizaines de papillons, de libellules,
de cigales, de grillons et d'abeilles
l'observaient de leurs yeux ronds.

Deux soldats-papillons habillés
de rouge, de jaune et de noir
s'approchèrent d'elle.
– Comment t'appelles-tu ?
dit le premier d'une voix métallique.
– Esmeralda...
– D'où viens-tu ?
dit le deuxième d'une voix pointue.
– De là-bas, derrière la forêt...
– Suis-nous sans faire d'histoire,
l'Empereur Agrias Sardanapalus
désire te parler.

Ils la conduisirent
devant un très beau papillon
parfumé et maquillé,
aux ailes colorées de rose,
de bleu roi, de sienne et d'incarnat
qui régnait sur le peuple des insectes
du Royaume de Lavande.
Il mangeait un gigot de fourmi,
allongé au creux d'un lis somptueux
qui lui servait de trône.
Les deux soldats forcèrent Esmeralda
à s'asseoir sur une feuille d'ortie.
L'Empereur Agrias Sardanapalus
se mit à parler très lentement
d'une voix caverneuse qui faisait trembler
les antennes de tous les insectes présents.
– Les papillons blancs de la Forêt
n'ont pas le droit de franchir
la frontière du Champ de Blé.
Il leur est interdit de pénétrer
dans le Royaume de Lavande !

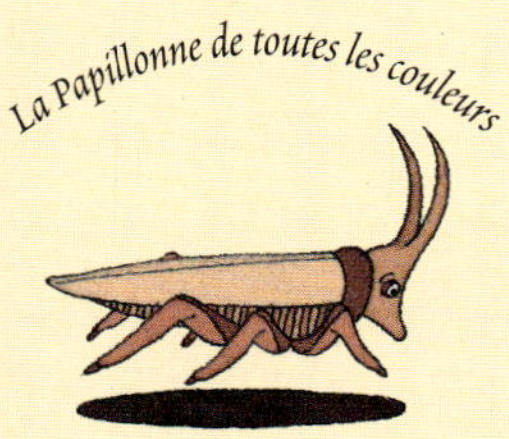

Esmeralda essaya de se défendre,
expliqua qu'elle s'était perdue,
que l'odeur des fleurs l'avait attirée,
mais l'un des gardes posa
une patte velue sur sa bouche.
L'Empereur fixa l'horizon.
– Je t'ordonne de repartir
immédiatement d'où tu viens,
et ne t'avise plus jamais
de franchir la frontière,
tu le paieras cette fois de ta vie.

Les guêpes, les bourdons et les frelons
applaudirent bruyamment.

Esmeralda s'envola vers le trait noir
qui marquait l'orée de sa forêt natale.
Elle survola le Champ de Blé,
surveillée par toute une escadrille
de papillons-soldats
et de mouches tsé-tsé.
Elle regrettait déjà
les couleurs des fleurs, leurs parfums.
La forêt sombre et obscure
lui faisait peur.
Pas aussi peur
que l'Empereur Agrias Sardanapalus,
mais presque.

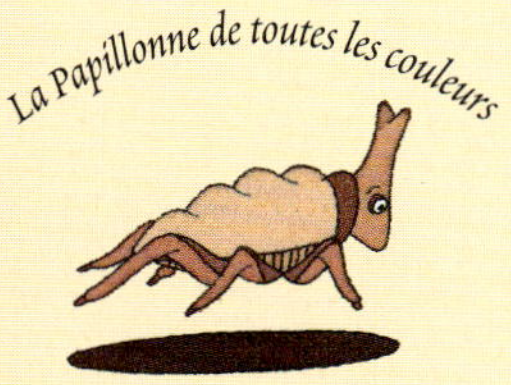

Soudain un grand coup de vent
l'entraîna très loin, vers un village.
Elle se posa sur le rebord d'une fenêtre
pour reprendre son souffle.
Une voix très douce venait finir
en caresse contre les carreaux.
– Vous posez les pinceaux dans les verres,
et nous allons descendre
jouer dans la cour
le temps que vos dessins soient secs...

Esmeralda se pencha.
Elle vit tout d'abord
un énorme papillon vert
aux contours blancs.
Son cœur se mit à battre très fort,
mais la femme à la voix sucrée
effaça le monstre du tableau,
d'un coup d'éponge.
Les enfants se levèrent à ce signal,
et ils quittèrent la pièce
derrière leur maîtresse.

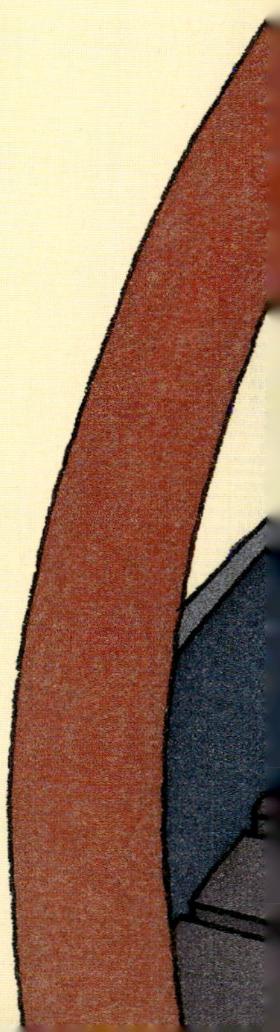

Esmeralda se glissa
dans la salle de classe.
Des dizaines de papillons multicolores
étaient étendus sur les tables,
immobiles.
Elle se mit à rire et à danser
en s'apercevant qu'il ne s'agissait
que de dessins d'enfants.
Elle faisait la folle toute seule
dans la classe, sautillant, cabriolant,
tant et si bien qu'une de ses pattes
accrocha le bord
d'une boîte de peinture
et qu'elle tomba
sur une pastille bleue qui lui colora
le nez et le fond des yeux.

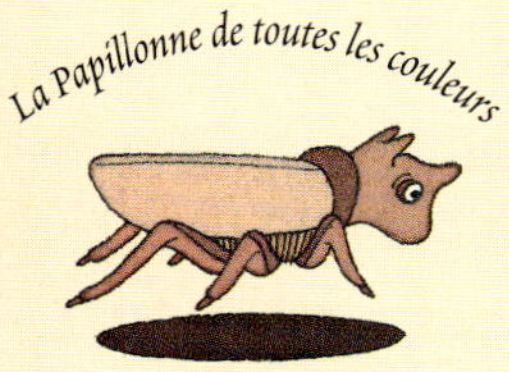

Esmeralda tenta de se relever
en battant des ailes, s'éclaboussant
de rouge framboise, de vert pomme,
de bleu de Prusse, de rose tyrien,
de jaune fluorescent,
d'orange et de pourpre.
Elle réussit à s'envoler à l'instant
où les enfants rentraient en classe.
Ils poussèrent un cri d'émerveillement,
croyant voir un dessin
quitter sa prison de papier.

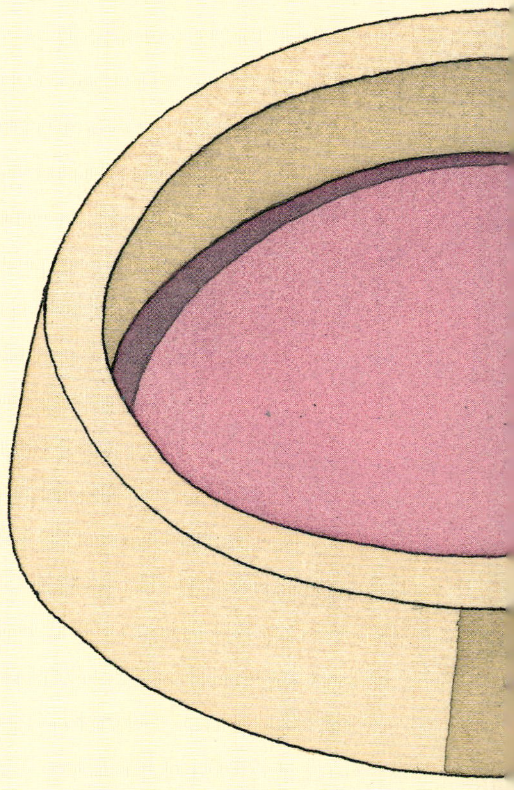

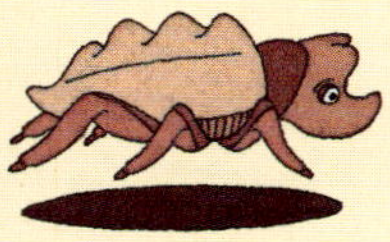

Esmeralda échappa aux mains
qui se tendaient
et parvint à se faufiler
par la frontière du Champ de Blé
gardée par les soldats-papillons
et les frelons affamés.
Elle se rendit compte du danger
en sentant les parfums
du Royaume de Lavande,
mais ses ailes
alourdies par les couleurs
n'obéissaient plus.
Elle se laissa tomber
sur la branche d'un myosotis
et lava ses yeux
avec une perle de rosée.

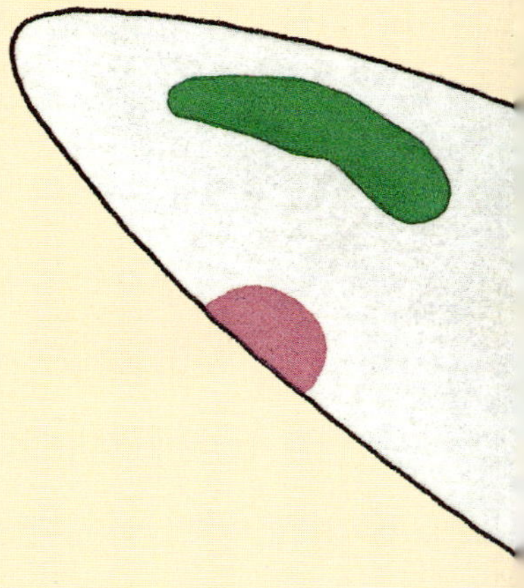

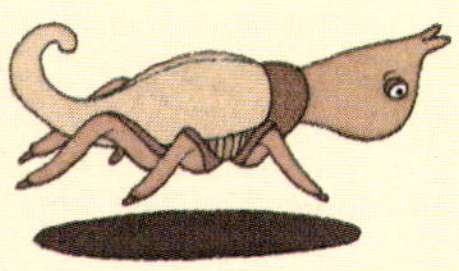

Juste à côté,
l'Empereur Agrias Sardanapalus,
entouré de son armée d'araignées,
dégustait un rôti de libellule
aux fines herbes.
Elle se mit à pleurer.
L'Empereur repoussa le plat de viande,
ébloui par les couleurs
des ailes d'Esmeralda.
D'un bond il fut près d'elle.
– Vous êtes la plus belle,
la plus séduisante des papillonnes
de ce Royaume.
C'est vous que j'attendais
depuis des mois...

Esmeralda recula, effrayée.
L'Empereur tendit ses pattes vers elle.
– Acceptez-vous de devenir
la Reine de ce Royaume ?

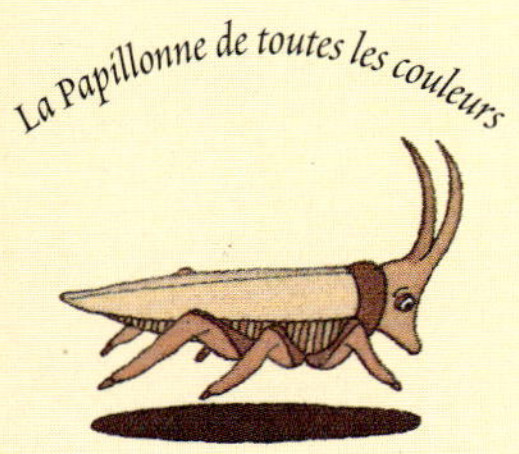

À cet instant
un petit nuage se soulagea
de quelques millions de gouttes d'eau
qui lui gonflaient le ventre.
La pluie tambourina sur les feuilles,
pianota sur les pétales.
Une rivière se forma
au creux d'une branche du myosotis.
Elle se transforma en torrent,
et le flot arrosa Esmeralda,
nettoyant ses ailes et son corps
de toute leur peinture.
Le visage
de l'Empereur Agrias Sardanapalus
se décomposa lorsqu'il vit
la beauté de la papillonne
s'écouler dans l'herbe,
grise comme de l'eau de vaisselle.
– Je t'avais prévenu, papillon blanc !
Ta dernière heure est arrivée.

Les grillons et les cigales
du Royaume de Lavande
sonnèrent le rassemblement.

Esmeralda fila droit sur le soleil.
La peur lui donnait des forces.
Elle distança
les redoutables criquets d'attaque,
et se retrouva à l'endroit
où la pluie finissait,
où le monde se partageait
entre sec et mouillé.
Un arc-en-ciel majestueux
se déployait jusqu'à l'infini.
Esmeralda respira profondément
et fit ce qu'aucun papillon
au monde n'avait jamais osé faire :
elle plongea la tête la première
au milieu de l'arc lumineux.
Ses ailes se colorèrent de rouge,
d'orangé, de jaune, de vert,
de bleu, d'indigo et de violet.
Les criquets d'attaque, les frelons,
les guêpes prirent peur.
Ils firent demi-tour en hurlant
comme des animaux blessés.

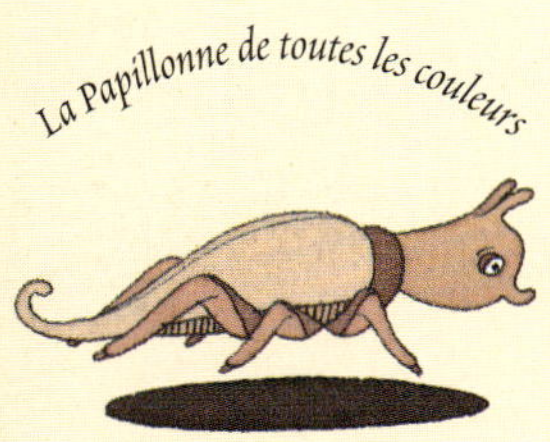

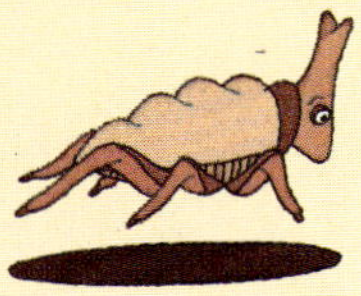

Depuis ce jour
Esmeralda la papillonne voyage
autour du monde
dans son arc-en-ciel.

Observe bien les cieux,
quand le soleil et la pluie se rencontrent,
un après-midi d'été.
Si tu vois un arc-en-ciel,
approche-toi sans faire de bruit
et regarde :
un papillon blanc est caché dedans.

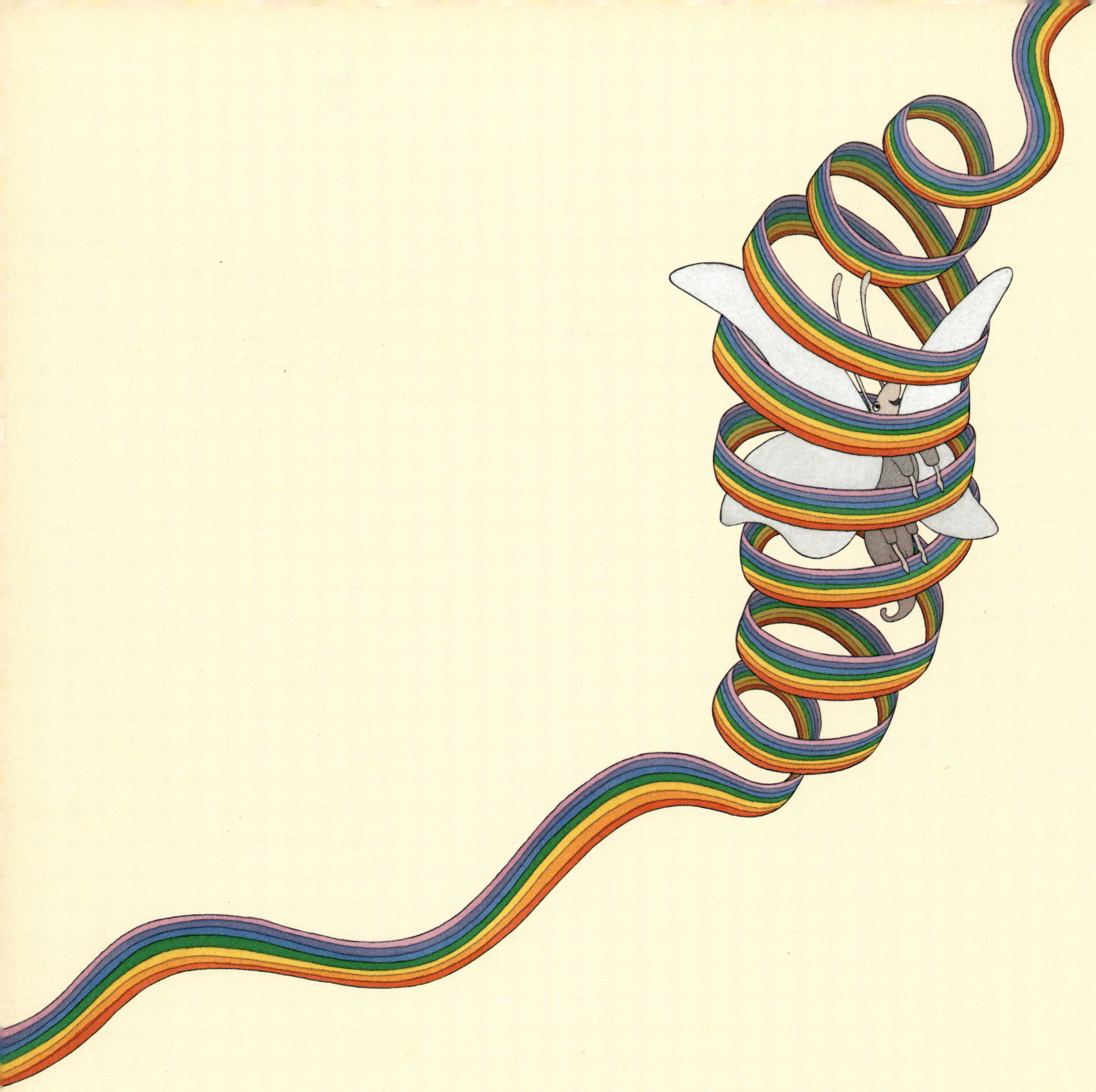